COMPLOTS

DITS

DE L'HIPPODROME ET DE L'OPÉRA-COMIQUE.

COUR D'ASSISES DE LA SEINE

PRÉSIDENCE DE M. ZANGIACOMI.

COMPLOTS

DITS

DE L'HIPPODROME ET DE L'OPÉRA-COMIQUE.

Vingt-sept individus, Folliet, Ruault, Monchirond, Decroix, Lux, Allix, Deney, Maillet, Turenne, Jaud, Commès, Joiron, Gérard, Copinot, de Méren, Mariet, Gabrat, Matz, Mazille, Follot, Thirez, Bratiano, Baudy, Martin, de Laugardière, Ranc et Laflize, étaient traduits devant la cour d'assises de la Seine, sous l'accusation d'avoir commis le crime de complot, en concertant ensemble la résolution d'agir, soit pour attenter à la vie de l'Empereur, soit pour renverser le Gouvernement, laquelle résolution d'agir avait été suivie d'actes commencés ou consommés pour en préparer l'exécution (articles 87, 88 et 89 du Code pénal).

On devait, à l'Hippodrome le 7 juin, à l'Opéra-Comique le 5 juillet, se jeter sur la voiture impériale, privée d'escorte, au cri de *Vive l'Empereur!* faire feu de tous côtés sur lui, traîner ensuite son cadavre dans Paris et proclamer la République rouge, avec Blanqui pour dictateur.

Les accusés, tous membres de sociétés secrètes, avaient une imprimerie clandestine pour publier des bulletins révolutionnaires; ils s'étaient mis en rapport avec une autre société d'étudiants. Le 2 juin, plusieurs d'entre eux avaient débattu un plan de barricades. Le 3, ce plan avait été discuté de nouveau chez l'accusé Decroix, ainsi que le moyen d'assassiner l'Empereur. Le 5, les chefs du complot s'étaient réunis dans les fortifications *des Vertus;* ils avaient arrêté les moyens d'exécution et déclaré la permanence des sociétés secrètes. Le 7, ils s'étaient tous rendus à l'Hippodrome et au bois de Boulogne; mais la disette d'armes et l'active surveillance de la police avaient empêché l'exécution de l'attentat. Plus tard, on se procura de l'argent, des pistolets, des poignards, des munitions; et déjà l'on avait fabriqué, avec des tuyaux de zinc enroulés dans de fortes cordes goudronnées, des canons ou espingoles destinées à être placées sur des barricades. Le 7 juillet, lorsque l'Empereur et l'Impératrice se rendaient au théâtre de l'Opéra-Comique, tous les conjurés étaient à leur poste : les uns sur la place même, les autres dans les rues voisines, sur es boulevards et au café du *Grand-Balcon*. Ils avaient amené un médecin, affilié au complot, pour soigner ceux des conjurés qui pourraient être blessés dans la mêlée. Plusieurs d'entre eux furent arrêtés à l'instant même : ils étaient porteurs de poignards et de pistolets chargés, amorcés et armés. Livrés à la justice, quelques-uns firent des aveux plus ou moins complets.

Tels sont les faits principaux relevés dans l'acte d'accusation et à l'audience.

Les débats, commencés le 7 novembre, se sont terminés dans la nuit du 15 au 16.

M. le Procureur général Rouland, chargé de répondre à la défense, a résumé comme suit l'ensemble de l'accusation :

Messieurs les jurés, en prenant la parole pour répondre à la défense, je n'ai point l'intention de la suivre pied à pied dans tous ses développements. Il serait mal, à cette heure, de prolonger de si pénibles débats, dans lesquels, d'ailleurs, la saine et ferme intelligence du jury a déjà trouvé les véritables éléments de conviction. La tâche qui reste au ministère public est donc d'indiquer rapidement les erreurs du système général de la défense, de résumer en quelque sorte l'ensemble de ce triste procès, et d'en exprimer surtout des vérités qu'on ne saurait obscurcir et des enseignements qu'il faudrait garder toujours. A Dieu ne plaise, au reste, que je veuille passionner des discussions si vives! La magistrature peut s'exagérer les nécessités du devoir ou se tromper même dans ses appréciations, mais, ainsi qu'on l'a reconnu dernièrement par une rétractation que je crois sincère, elle ignore les emportements du zèle aveugle et du dévouement servile; elle obéit à des inspirations plus pures, elle respecte la loi, elle punit le crime et elle agit toujours sans colère, comme sans faiblesse.

Telle est, Messieurs, la voie qui m'est ouverte, et j'espère y rencontrer la confiance du jury, parce que je suis incapable de la trahir. Qu'importent, en effet, à l'homme courbé sous le poids des affaires et des dures leçons de la vie, qu'importent le bruit, l'éclat, le succès et toutes les misères de la vanité? Il lui faut, à lui, l'assentiment de sa conscience qui le juge, et le seul honneur de son devoir loyalement accompli. Voilà les sentiments que j'apporte dans cette lutte dernière entre l'accusation et la défense, et je puis dire que nul ne me reprochera plus tard, de les avoir oubliés.

Quels sont les caractères légaux du complot contre le Souverain ou pour le renversement du Gouvernement? Un complot de cette nature a-t-il existé? Les accusés sont-ils coupables de ce crime? Telles sont les questions qui doivent être agitées. Mais, avant d'entrer dans la discussion de ce que j'appelle l'élément judiciaire, permettez-moi, non pas de faire appel à des passions politiques, que je repousse du sanctuaire de la justice, mais à des vérités sociales qu'on ne peut trop mettre en lumière. Le complot actuel n'est pas né de lui-même; il n'a pas germé, sans précédents, dans le cerveau des hommes que je poursuis. N'ai-je pas le droit de demander d'où viennent tous ces malheureux qui sont devant vous? Qui donc a perverti leurs esprits? faussé leurs idées? exalté leurs imaginations? D'où sortent les passions maudites qui ont armé leurs mains? Oui, nous sommes en présence du crime; mais il faut trouver sa source. Il n'y a pas un homme honnête et intelligent qui ne se dise que la plupart des accusés sont des instruments à côté de provocateurs plus coupables. Il est vrai que Dieu ne les a point déshérités de leur part de raison; qu'ils ont eu la conscience du mal, la perception du crime, et qu'ils doivent en subir toute la responsabilité. Mais, enfin, il a fallu détourner ces ouvriers de leurs habitudes de travail et de famille, et dépraver leurs instincts. Il a fallu fanatiser ces étudiants et abuser de leur jeunesse. Encore une fois, d'où sortent les provocations? Quelles sont-elles? Que la défense se rassure; je ne veux pas entraîner l'esprit du jury par des considérations politiques étrangères à la cause. Non; je me place au cœur même du procès, et en montrant les détestables influences qui ont incessamment agi sur les accusés, je raconte la véritable histoire du complot, et je contribue peut-être à augmenter la mesure de sage indulgence qu'il conviendra de départir à quelques-uns d'entre eux.

Il y a, d'ailleurs, ainsi que nous le révélait dans son habile plaidoirie le défenseur de Bratiano, M° Jules Favre, il y a les conspirateurs d'en haut, les hommes qui ont un nom politique, des idées, de l'intelligence, et qui, pour me servir toujours d'expressions que je lui emprunte, forment comme une sorte de *bonne compagnie* si on les compare aux conspirateurs vulgaires ramassés dans l'atelier et dans la rue; il y a enfin ces derniers, que l'on dédaigne lorsqu'ils succombent, que l'on traite en plèbe ignorante et malavisée, et qu'on abandonne au châtiment des lois après les avoir jetés dans le complot et l'insurrection.

Eh bien, Messieurs, que la lumière se fasse éclatante autour de nous. Montrons les provocateurs pour les flétrir; montrons leurs œuvres pour qu'elles soient détestées, et que le pays sache comment on propage la hideuse pensée du régicide et des conspirations.

Après le 2 décembre, au milieu de tous ces partis impossibles qui s'agitaient autour du gouffre béant de l'anarchie, la France se leva presque tout entière pour acclamer le Prince qui la sauvait. Le parti révolutionnaire (car il faut lui donner son vrai nom) n'avait pas désarmé; mais il resta quelque temps étonné par la foudroyante rapidité des événements et atterré par l'unanimité de la nation. Qui pouvait nier, en effet, la puissante expression politique de ces huit millions de suffrages consacrant librement l'Empereur? Bientôt cependant, ce parti, éternel et irréconciliable ennemi de tous les gouvernements réguliers, ce parti qui ne peut et ne veut avouer que le triomphe de la démagogie, ce parti vaincu et proscrit sous la république même, qu'il voulait dévorer, revint à ses instincts agitateurs. Il trouvait d'ailleurs à donner la main à tous ceux qui avaient concouru au renversement des monarchies et qui avaient dû sortir de la France, puisqu'ils protestaient contre la volonté nationale. Tous ensemble comprenaient que l'Empire poussait de profondes racines, que le pays embrassait avec énergie un pouvoir réparateur, et qu'ils couraient le risque, s'ils restaient muets et inactifs, d'être oubliés, effacés, même dans la mémoire des soldats habituels de l'émeute. On proclame donc de nouveau la guerre sociale, on l'organise à outrance. A Londres, le comité révolutionnaire central européen, avec Ledru-Rollin, Bratiano, Ruge, Kossuth, etc.; le comité de la Commune révolutionnaire, avec Félix Pyat, Boichot, Caussidière; à Jersey, le comité des Exilés, avec Colfavru et Alavoine; en Belgique même, on recrute certains exilés; et tous ces conspirateurs, enfin, se rapprochent, se concertent; les mains s'étreignent, les volontés s'unissent, les passions se confondent, et tous jurent haine à celui qu'ils nomment « le tyran »; tous appellent et préparent une nouvelle révolution.

Mais que faire? quel plan adopter? Retombera-t-on dans ces insurrections ordinaires qui avaient si bien réussi dans le passé? Sans doute elles avaient réussi sous des gouvernements affaiblis par les excès d'une critique subversive. On triomphait facilement, par les barricades, de ces pouvoirs énervés, tiraillés par la lutte des ambitions, et donnés en pâture à toutes les violences de la presse et à toutes les agitations parlementaires. Il suffit alors de quelques émeutiers qui sortent de dessous les pavés pour chasser une dynastie. Mais on comprenait que les choses avaient bien changé. On s'avouait tout bas que ce qu'on appelait tout haut « tyrannie » était une force immense, tutélaire, conservatrice de la société. On savait que l'Empereur avait le large sentiment de la puissance et la résolution inébranlable du maintien de l'ordre public. — On le savait aussi appuyé sur la nation, qu'il honore, et sur cette vaillante armée, qui n'oubliera jamais la honte qu'elle eut à subir des démagogues brisant ses armes et souillant ses drapeaux. — Devant l'insurrection, le pays se lèverait et les canons de l'armée vomiraient la mitraille. — Aussi les conspirateurs sentaient qu'ils étaient en présence d'un obstacle et qu'il fallait avant tout supprimer l'homme que la Providence opposait à leurs desseins. De là la pensée incessante de l'assassinat de l'Empereur. Lui mort, la voie peut s'ouvrir aux plus effroyables agitations, et le parti révolutionnaire espère l'avénement de la république démocratique et sociale, au moyen des bandes qu'il aura organisées. Voilà donc la double pensée connue : trouver des misérables pour l'assassinat, et, le crime commis, arborer le drapeau rouge, en écrasant tous les partis par l'audace et l'insurrection. Si terrible qu'elle soit, cette logique révolutionnaire voyait juste et allait droit au but. Cherchons maintenant comment elle s'est formulée, comment elle a parlé, pour révéler ses projets impies et pour entraîner une foule de malheureux dans des complots d'assassinat et de renversement de la société.

Un homme a publié d'odieux pamphlets, dont je ne donnerai pas lecture par respect pour sa gloire passée. Le talent l'avait fait grand parmi les poëtes ; puis, un jour, il voulut se faire grand encore dans le monde politique. Pour se consoler d'avortements multipliés, V. Hugo s'est rué, comme l'ange déchu, dans tous les abîmes de l'orgueil froissé, et le génie s'est déshonoré avec les rugissements de la haine et de la malédiction contre son pays.

Je n'ai rien à dire de Ledru-Rollin qui ne soit connu de tous. Membre de ce comité révolutionnaire européen, auquel appartient le frère de Bratiano, il a répandu une foule d'écrits incendiaires. Je prends le dernier, intitulé « *Union contre le tyran.* » C'est, assurément, celui dont la rédaction est la moins violente. Il s'agit, en effet, de tromper la nation, c'est-à-dire de lui faire croire que l'arrivée de la république démocratique et sociale est la chose la plus souhaitable et la meilleure, même pour la bourgeoisie, pour l'armée, pour les propriétaires, pour l'industrie et le commerce. Il est vrai qu'il y a certaines réserves peu rassurantes, certaines pensées sous-entendues, et que des lettres, saisies dans une autre procédure, dévoilent complétement. L'union proposée contre le tyran est, en définitive, l'imposition forcée, un peu plus tard, du drapeau rouge à tous ceux qui se laisseraient prendre à l'alliance. Je reviens à la citation du pamphlet. Écoutez, Messieurs : « *Voilà le bilan : d'un côté, la nation tout entière; de l'autre, une poignée de brigands, qui ne croit même plus à son lendemain, protégée par une bande de mouchards, race immonde, qui les trahit déjà à moitié.* »

Et comme il faut une conclusion claire pour tous, on termine par ces mots :

« *Haine au tyran! révolution!* »

L'ex-colonel Charras a aussi publié son manifeste; il est adressé à l'armée. J'aurais voulu croire, pour mon compte, qu'un homme qui avait été brave soldat ne se serait jamais avili par une lâche provocation à l'assassinat. Il faut renoncer à cette illusion. Je lis :

« *Frappez le tyran et ses complices; la France en deuil vous en conjure, et la justice vous l'ordonne!* »

Écoutez maintenant ce qu'écrit la *Commune révolutionnaire* de Londres, par la plume de l'ex-sergent Boichot, de Félix Pyat et de Caussidière, et vous comprendrez comment l'imagination impressionnable du peuple peut être fanatisée par cette lave brûlante d'injures et d'exécrations :

« Ogrillon de Corse, croisé de prince, de prêtre et de grec, d'histrion, de ribaud et de bourreau, sorte de métis de Bonaparte et de Macaire, de Machiavel et de Mandrin, de marquis de Sade et de Torquemada, Napoléon de nuit, Napoléon coupe-tête, Napoléon coupe-bourse. Ni paix ni trêve avec cet homme... ce n'est pas un homme, avec ce monstre. Il est honteux de vieillir sous lui. Esclave qui le laisse régner; assassin qui le laisse tuer. Tolérer ses crimes n'est pas seulement lâcheté, c'est complicité. Permettre le mal, c'est le commettre. Son règne est un reproche à nos courages autant qu'une menace à nos sûretés. Nous sommes dans le cas de légitime défense; et, puisqu'il se proclame obstacle, puisqu'il se pose en travers du chemin, puisqu'il barre le passage à tous, avec le trône et l'échafaud, que la France fasse comme la fille de Tarquin, qu'elle lui passe sur le corps plutôt que de reculer. Qu'il serve encore à prouver, celui-là comme les autres, que le châtiment atteint le crime. Le trône le met hors la loi; l'échafaud hors l'humanité. Que l'horreur qu'il inspire le presse donc de toutes parts! que la terre elle-même le combatte? que les pavés se soulèvent sous ses pieds! que les tuiles le frappent à la tête, comme Pyrrhus! que les outils deviennent des armes! qu'on les trempe dans le sang et dans les larmes des victimes! Ce n'est plus seulement avec du coton et du sucre qu'il faut faire de la poudre, oui, c'est avec les larmes, avec le sang, avec tout ce que peuvent fournir de plus explosif les cœurs exaspérés. Que tout soit dans la main de tous arme de guerre, moyen de combat! Point de César sans Brutus! A bas le tyran! »

Voilà, Messieurs, un échantillon des hideuses et sanglantes provocations que le parti révolutionnaire a essayé de répandre à profusion; on cherchait à les introduire en France par tous les moyens, toutes les ruses, à l'égal de la plus active contrebande. Voilà ce qu'on appelait dans le langage démagogique « donner des bras à l'intelligence. » — Et ce que j'appelle, moi, « mettre le couteau du régicide dans la main du peuple égaré. »

Mais non-seulement on précipitait les esprits dans les délires de la haine et de l'invective; on les trompait aussi, pour les appeler à l'insurrection, par le tableau menteur d'un bien-être imaginaire. Les conspirateurs, spéculant sur les faiblesses humaines, s'adressaient aux sentiments égoïstes, aux appétits matériels, aux souffrances habilement surexcitées, et à la perspective d'un bonheur social impossible. En réalité, ils savaient bien le néant de toutes ces promesses, comme ils savaient la honte de leurs calomnies. Il est curieux, à propos de calomnies, de surprendre les habiles du parti démagogique, se faisant confidence les uns aux autres des exécrables moyens qu'ils emploient. Voici une lettre écrite par un républicain socialiste à un autre soi-disant patriote de l'Ouest. Elle est extraite, vous le savez, d'une procédure qui s'instruit à Paris.

« Paris, dans ce moment, c'est une loge de portier, un lavoir public, la reine du monde et des cancans, *que moi-même je propage autant qu'il est possible;* il n'y a sorte de choses qui ne courent sur le compte du héros du jour : il tue des officiers en plein bois de Boulogne; il assomme un de ses cent cinquante Corses; il fait fusiller dans les cachots de la préfecture de police; enfin, l'empoisonnement du nonce Garibaldi n'est qu'un bruit partout; une main de papier ne suffirait pas à énumérer tous les on-dit que chacun affirme. Je les propage moi-même, ai-je dit plus haut; *ne pouvant combattre à découvert, je me fais jésuite.* Beaumarchais a dit : « *Calomniez, calomniez, il en reste toujours quelque chose.* » Dans tous les cancans, il y a pourtant de très-grandes vérités, *j'affirme toujours le tout;* aux yeux de l'homme aux principes à l'eau de rose, aux vertus apparentes, ce que je fais peut paraître *ignoble;* par le fait, ce n'est guère mieux appréciable. Mais, quand il s'agit de tuer une bête immonde qui se trouve sur votre route, vous ne retournez pas chez vous prendre des gants et l'arme la plus noble, vous lui écrasez la tête avec le talon de votre botte. »

En vérité, après cette lecture, chacun se demandera comment de tels misérables trouvent crédit auprès du peuple, et comment le peuple se laisse duper par de pareilles infamies.

Je disais à l'instant, Messieurs, que les conspirateurs d'en haut, si habiles à rester dans l'ombre ou à ne parler que hors des frontières de France, tentaient, souvent avec un déplorable succès, de tromper les classes ouvrières par l'appât d'un état social tout resplendissant de bien-être et d'opulence. Est-il vrai qu'on promette au peuple de courir sus à ceux qui possèdent? Est-il vrai qu'on lui distribue, à l'avance, les dépouilles de la bourgeoisie? Est-il vrai que la révolution attendue soit la spoliation violente de la société actuelle, et le vol de toutes les valeurs existantes au préjudice de ceux qui les ont en faveur de ceux qui ne les ont pas? Si quelqu'un doutait, après les insolentes publications qui, à une certaine époque, effrayaient le pays, il pourrait arriver à la certitude par la lecture d'une pièce que MM. les jurés connaissent déjà. C'est le projet de budget de la république démocratique et sociale pour 1854, projet saisi dans les papiers politiques d'un inculpé, attribué par lui à un ex-représentant montagnard. Je me soucie peu, du reste, du nom de ce représentant, car, après tout, son œuvre n'est que la reproduction des idées favorites de nos financiers socialistes. Permettez-moi, Messieurs, d'extraire de ce projet de budget les passages suivants :

« Convaincu, dit l'auteur, plus que jamais, par les efforts insensés du 2 décembre, que la monarchie constitutionnelle ou absolue est impuissante depuis 1789 à diriger notre pays; certain que le royalisme est destiné à périr par cela seulement que, pour se constituer un instant, il est obligé de s'appuyer sur une aristocratie quelconque dont la France ne veut plus; ayant vu la République elle-même s'abîmer sous nos pieds, *parce qu'elle avait répudié le concours du SOCIALISME, qui seul peut désormais garantir son avenir,* j'ai cru remplir mon devoir de citoyen en faisant à l'avance son budget.

« Je supprime entièrement le chapitre des cultes; l'État ne doit pas solder *les ennemis de ses institutions.* Chaque culte sera payé par ses adeptes.

« Je propose une réduction de 124 millions sur le chapitre de la guerre. La République ne doit pas solder à grands frais *des oppresseurs.*

« Je confisque à *nos adversaires politiques* pour SIX MILLIARDS nets d'immeubles; j'en vends seulement pour 500 millions, *afin de ne pas trop déprécier la propriété foncière;* j'emploie 200 millions à la mise en pratique du *droit au travail,* qui devient ainsi une institution normale; *je prélève 150 millions pour la création de villages en Afrique, où seront déportés nos adversaires;* j'applique, en outre, 50 millions à favoriser le développement des associations, et je réserve le surplus pour les *éventualités d'une guerre générale.* »

Donc, pour résumer tout cet infernal système de provocations et de dépravations, on calomnie l'Empereur pour le rendre odieux aux ouvriers.

On ment au peuple; on le plonge dans la fraude la plus grossière pour lui faire désirer, comme une réparation, la révolution qui serait sa ruine.

On se raille de sa crédulité. On fait briller à ses yeux le riche butin de la société mise au pillage révolutionnaire.

Et tous ces crimes de la pensée et de la publication sont employés pour enfanter l'assassinat de l'Empereur et le bouleversement de la société actuelle !

Oh! il faut maudire les hommes qui ont publié de si détestables écrits, car ils sont les provocateurs du complot que vous allez juger ! L'éloquent défenseur de Bratiano, en parlant de ce complot, disait : « *C'est une chose abominable, monstrueuse!* » Et moi, je reprends ces loyales et énergiques paroles dont je n'aurais pu peut-être égaler l'indignation. — Oui, les hommes qui ont tenté de corrompre le cœur du peuple par le mensonge, a calomnie et la haine; les hommes qui l'ont égaré jusqu'au guet-apens de l'assassinat ont fait « *une chose abominable, monstrueuse.* » — Et, qu'au nom de la conscience publique, au nom de l'honneur de la France, ils soient à toujours déshonorés et flétris ! Que si ces aventuriers politiques (pour me servir encore des magnifiques paroles de Mᵉ Jules Favre) songeaient jamais à reprendre, par l'assassinat et l'émeute, le pouvoir qui est si heureusement tombé de leurs mains; qu'ils le sachent bien, on ne fonde rien de durable dans le sang, et ils seraient chassés par la colère du pays, comme on chasse les infâmes.

Tenez compte, messieurs, de ce tableau si sombre mais si vrai de nos misères politiques, non pour accroître votre indignation contre les malheureux assis sur ces bancs, mais pour faire remonter à ceux qui l'ont prise devant les hommes et devant Dieu la responsabilité morale des crimes qu'ils ont provoqués. Eh bien! ouvriers et étudiants, essayez donc maintenant de vous croire des héros ou des martyrs élevés sur je ne sais quel piédestal ! Voyez, pauvres dupes, ce qu'on fait de vous ! Vous n'avez pas réussi dans l'attentat dont d'autres devaient profiter; et ils se détournent de vous avec cette parole de dédain que je prends toujours dans le plaidoyer de M° Jules Favre : — « Misérable Cohue !... défends-toi comme tu peux !... » — Quelle leçon !

Voilà, messieurs, ce que j'avais à vous exposer sur les véritables origines du complot. Vous comprenez maintenant d'où il vient et comment il s'est créé. Je reprends désormais l'élément judiciaire du procès, et la discussion des questions et des faits qu'il renferme.

Entre la défense et l'accusation il n'y avait pas, on l'a bien senti, de débat possible sur la définition du complot. Cette définition, nous la trouvons dans la loi, c'est « la résolution d'agir concertée entre plusieurs personnes dans le but d'attenter à la vie ou à la personne du souverain, ou de renverser le Gouvernement. » Puis la loi a reconnu une circonstance aggravante dans l'existence de tout acte accompli ou commencé pour préparer l'exécution, et elle a alors édicté une peine plus forte.

La défense s'est rejetée sur les mots « résolution d'agir, » qui sont, dit-elle, une des conditions essentielles du complot, parce que la loi n'a pas entendu punir l'intention isolée, et qu'elle a voulu, avant de frapper, que la pensée criminelle fût manifestée par un acte extérieur.

La défense a ainsi confondu la résolution d'agir avec la tentative de l'attentat ou l'attentat lui-même. Elle l'a même confondue avec les actes commencés ou consommés uniquement pour préparer l'exécution du complot. Cependant la loi punit et la simple résolution d'agir, et cette résolution accompagnée d'actes. Donc la résolution d'agir, seule, unique, constitue un crime, indépendamment de ce qui peut la suivre et l'aggraver.

Au surplus, la résolution d'agir n'a d'autre but, dans le sens de la loi, que d'exclure l'idée abstraite, qu'il serait absurde de vouloir punir. Ainsi, vous avez la pensée d'un complot, vous l'exprimez à ce titre de pensée pure, en dehors de toute volonté de réalisation ; vous avez ainsi une pensée mauvaise assurément, un détestable rêve : mais elle ne sort pas du monde intellectuel, et comme elle n'a pas encore le caractère d'une *volonté* exprimée, elle reste insaisissable par la loi répressive. Mais supposons que cette pensée de complot, sortant du domaine des abstractions de l'esprit, cesse de se contempler elle-même, d'être un objet de méditation ou de discussion pour devenir, en passant dans le monde réel, une *résolution d'agir*, elle devient coupable. Pourquoi ? parce que l'homme qui a résolu d'agir, en se concertant avec d'autres pour un complot contre le Souverain ou le Gouvernement, devient une menace vivante contre la société. Nul n'a le droit d'inquiéter profondément sa sécurité. Et il importe peu que ceux qui ont résolu d'agir ne sachent encore ni le lieu, ni l'heure, ni les moyens. — Il importe peu que les actes ne soient ni commencés ni consommés. Encore une fois, la résolution d'agir étant prise, suffit pour créer de graves inquiétudes à la société, à qui on a ainsi déclaré la guerre.

Qu'y a-t-il maintenant dans le procès ? Est-ce qu'il peut être un seul instant douteux que les accusés ont eu la volonté d'agir ? Et ce n'est pas seulement quelques jours avant les faits de l'Hippodrome et de l'Opéra-Comique ; tous ou presque tous l'avouent, ils ont appartenu à des sociétés secrètes préexistantes. Elles avaient un but ces sociétés, une raison d'être : c'était l'assassinat de l'Empereur et la proclamation de la république rouge sur son cadavre. Quelques défenseurs ont fait une distinction, en contestant que les sociétés aient eu pour but l'assassinat de l'Empereur. Ils ont admis qu'il s'agissait de renverser le Gouvernement par l'insurrection !

Mais, outre que les faits les plus précis démontrent que l'assassinat était le point de départ des sociétés secrètes auxquelles les accusés étaient affiliés, la défense ne gagnerait rien à la distinction qu'elle invoque. La loi ne repousse pas moins l'insurrection armée que le régicide, et elle punit de peines égales le complot qui tend à l'un ou à l'autre de ces crimes.

Que voulaient donc les accusés ? Formaient-ils un comité de précaution, mû par une idée simplement spéculative ; un comité d'attente institué dans la prévision de je ne sais quelles émeutes possibles de la part des partis monarchiques ? Ceci n'est pas sérieux et ne vaut pas qu'on s'y arrête. Tous les faits protestent contre cette interprétation. Ces hommes étaient les instruments d'une pensée arrêtée, d'une résolution concertée à l'avance. Est-ce qu'au-dessus d'eux il n'y avait pas un comité directeur ? Est-ce que ce comité directeur n'avait pas une presse ? Est-ce que cette presse n'a pas été saisie chez l'accusé Bratiano ? Est-ce qu'elle n'a pas servi à imprimer les bulletins du 20 mai et du 5 juin ?

Le 20 mai, entendez-vous, c'est-à-dire avant les faits de l'Hippodrome et de l'Opéra-Comique. Souvenez-vous, messieurs, de ce que dit le premier bulletin, intitulé : « Le Réveil du « peuple! »

« Citoyens, il n'a fallu que trois ans pour renvoyer l'ancienne monarchie et *mener Louis XVI à l'échafaud.* Il n'a fallu, en 1830, que trois jours de combat pour chasser Charles X. — Quarante-huit heures ont suffi pour que Louis-Philippe et sa famille montassent dans un fiacre et prissent la fuite. Pour renverser Louis-Napoléon, deux heures suffiront.... Citoyens! relevez-vous; tout annonce un dénoûment prochain. Aux armes! On vous dira le lieu et le moment. — *La résolution est prise.* — Chacun se prépare. Citoyens, tenez-vous prêts. »

Voilà la pensée de la conspiration écrite, publiée par ses propres chefs. Dès le 20 mai, la résolution d'agir était irrévocablement prise, et le bulletin que je viens de lire n'est pas autre chose qu'un acte même du complot. Il n'était pas destiné à s'égarer dans la foule. Il devait exciter l'ardeur et exalter l'esprit des conjurés. Il est plus que la résolution d'agir, il est l'acte extérieur qui lui donne la vie; il constitue la première attaque flagrante et publique de la conspiration.

Ne demandez donc plus où l'accusation a vu la résolution d'agir. Vous aviez vos hommes comptés et résolus. Un mois avant la scène de l'Hippodrome, avant le 7 juin, vos canons étaient fabriqués : Maillet et d'autres l'ont avoué. Vous criez aux armes! Vous voulez tuer le tyran! Vos canons sont prêts pour les barricades! et cela ne constituerait pas la résolution d'agir! Qu'est-ce donc?

Voyons! il ne faut s'arrêter qu'aux choses qui offrent des doutes graves. J'aurais compris qu'on discutât les circonstances aggravantes, l'exécution commencée. Mais non; c'est l'évidence des faits qu'on attaque, c'est l'élément capital et irrécusable de l'accusation qu'on veut nier. C'est tenter l'impossible.

On tâtonnait, dit-on; ce sont là les expressions de l'acte d'accusation. Oui, on tâtonnait, en ce sens que, la résolution d'agir étant prise depuis longtemps, il fallait pourtant encore convenir du lieu, de l'heure et des moyens d'exécution. Mais les réunions se succèdent; les faits dans lesquels nous saisissons les accusés se multiplient. Le 2 juin, nous trouvons Alix et Ruault chez Gérard. Le 3, nous les retrouvons au Palais-Royal. Est-ce que c'était pour discuter le plan d'Alix sous les arcades, à la lumière du gaz? On a fait dire cela à l'accusation, je le sais; on lui a prêté une niaiserie dont elle n'est pas coupable. Ce qu'elle a dit, ce qu'elle a prouvé, c'est que le plan des barricades a été discuté, pendant un assez long trajet dans la rue, par les accusés, parfaitement sûrs l'un de l'autre et résolus à l'action.

Chez Decroix, même discussion. Là, Monchirond, homme énergique, s'explique à cœur ouvert. A l'Hôtel-de-Ville, il faudra envoyer 500 hommes, et 50 hommes dans chaque mairie; on attaquera la voiture impériale au cri de *Vive l'Empereur!* et il n'y a pas là la résolution d'agir?

Et à la réunion des Vertus! on y déclare la permanence. Or nous savons ce que cela veut dire. C'est la société secrète en armes, debout, prête à marcher; c'est l'appel à tous les hommes d'action; c'est le droit de leur dire, à chaque heure, à chaque minute : « Prends tes armes, tue, ou fais-toi tuer! » La permanence est une mesure extrême et décisive. En effet, nous sommes au 5 juin, et c'est le 7 qu'éclate le drame de l'Hippodrome.

Vous êtes, messieurs les jurés, non des jurisconsultes chargés d'interpréter la loi, mais des hommes intelligents chargés d'apprécier les faits. On a espéré pouvoir, dans votre esprit, altérer la portée de ces faits, en se refusant à la véritable interprétation du droit pénal. Vous connaissez maintenant le but et le sens de la loi réprimant les complots. Les faits restent dans toute leur énergie.

Vous venez de lire le bulletin du 20 mai; en voici un autre qui porte la date significative du 5 juin, le jour même de la réunion des Vertus, et qui émane, comme le précédent, du *comité directeur*. Il est ainsi conçu :

« Parler à la conscience publique chez un peuple tel que le nôtre c'est être assuré du succès.

« Si le peuple a laissé passer le 2 décembre et la proclamation de l'Empire presque sans protestation, c'est qu'il attendait son jour, son heure; mais il n'a pu voir avec insouciance ou sans douleur ces tristes journées, pendant lesquelles furent mis en doute ses droits si chèrement acquis.

« C'est à la conscience des citoyens que nous nous adressons, bien persuadés que le cri d'indignation que nous jetons trouvera de l'écho dans leurs cœurs et sortira de toutes les bouches, sans distinction d'opinion, pour ainsi dire.

— 18 —

« C'est à qui n'osera pas s'avouer bonapartiste, tant les actes de Bonaparte paraissent odieux. Chacun cherche également à se faire amnistier de sa participation à l'attentat de décembre : celui-ci donne sa démission ; celui-là se retranche derrière des ordres reçus ; un autre, et c'est le plus grand nombre, prétend s'être trompé et avoir cru la société en danger ; en un mot, il n'y a qu'un criminel, c'est Bonaparte. Pour peu, ils nous le livreraient pieds et poings liés.

« Citoyens, quand un pays en est là, *il suffit de sonner le tocsin et d'appeler aux armes!*

« *Eh bien, oui! debout!* et le peuple tout entier entendra cet appel *au premier signal du Comité directeur.* »

« Arrière donc parasites, repus, sangsues du peuple, escrocs, voleurs, vous tous qui avez été les complices de Bonaparte, non par amour pour lui, nous le savons, mais pour garder vos priviléges, arrière! car le peuple va s'armer pour vous frapper au nom de la justice humaine. Que chacun s'arme donc et se tienne prêt. »

« Que toutes les nuances républicaines se fondent et se groupent sous le drapeau universel de la liberté ; que les différentes écoles socialistes s'effacent ; assez d'idées ont été semées pour que les matériaux ne manquent pas au nouvel édifice social.

« Que chacun sache bien que le *socialisme* est une science que la liberté seule peut développer, et que cette science a sa raison d'être, et pour but l'humanité tout entière.

« Que les âmes timorées qui grossissent ordinairement les rangs réactionnaires n'aient plus frayeur des républicains ou des socialistes, car ces fantômes à l'instar du Spectre rouge ne sont que pures et méchantes inventions.

« La république est grande, forte, généreuse ; elle veut pour tous le bien-être, la fortune. Rassurez-vous donc, vous tous qui vivez d'un commerce honnête ; bourgeois, petits commerçants, rassurez-vous !

« Et vous gardes nationaux, que le pouvoir craint, vous qui allez être désarmés, parce que l'on sent déjà lever en vous le vieux levain du libéralisme, venez à nous, et l'Empire ne pèsera pas lourd dans la balance.

« Encore une fois, veillons et *courons à nos armes au premier signal!*
« Paris, 5 juin 1853. »

Après cette lecture, qui douterait encore de la résolution d'agir et des actes commencés ou consommés pour en préparer l'exécution ?

Les réunions chez Gérard le 2 juin, chez Decroix le 3, aux fortifications des Vertus le 5, étaient la conséquence de la résolution proclamée dès le 20 mai. Ces réunions sont des actes d'exécution, car on y délibère sur les moyens d'action. La conjuration est formée, son but coupable est fixé, la résolution d'agir est prise. Il n'est plus question, dans ces réunions, de savoir si l'on agira : on s'y demande quand et comment on pourra agir. Bref, on y prépare le régicide et l'insurrection.

Maintenant que les réunions ont reçu leur véritable signification, permettez-moi de passer successivement en revue tous les accusés. Je heurterai, pour quelques-uns, la défense, mais je le ferai avec toutes les convenances qu'on me connaît.

Folliet! Que voulez-vous que je vous en dise! C'est un ancien conspirateur; l'homme de Martin Bernard et de Barbès, l'affilié de la société *des Saisons;* il le sait, il l'avoue. Il s'est corrigé, dit-il ; tant mieux ! je veux le croire; mais le vieux levain du conspirateur s'est soulevé une dernière fois. On s'est adressé à lui parce qu'il est employé au chemin de fer de Strasbourg et qu'on voulait par lui agir sur les ouvriers. On lui a demandé de se réunir chez lui; il a refusé par prudence; mais il a été chez Decroix; il a promis d'aller aux Vertus et il y est allé. Il a fait des aveux! Faut-il lui en tenir compte? Non, car ils lui ont été arrachés par l'évidence, et ils sont loin d'être complets. Pourtant, examinez, Messieurs, s'il y a quelque place à l'indulgence, surtout à cause des paroles si dignes et si honorables de la défense (1).

Ruault! pourquoi discuter? Il est mêlé à tout, il a tout organisé. Conspirateur rusé, tenace, sombre, il est impassible, oppose une dénégation absolue aux charges qui l'écrasent. Il est l'un des plus coupables; qu'il soit sévèrement frappé par votre justice!

Monchirond! Cet accusé a provoqué la réunion Decroix. Il aime à s'envelopper de quelque importance. Il a voulu, dit-il, préparer seulement une insurrection républicaine, pour le cas

---

(1) Cette défense a été présentée par Mᵉ Paillard-Villeneuve.

où l'Empereur serait enlevé ou tué par les légitimistes et les orléanistes réunis! Est-ce que cela est admissible? Quoi! les partis monarchiques, qui n'ont pas su se défendre, qui ont laissé le trône tomber dans la boue, devant une poignée d'émeutiers, songeraient à triompher par l'insurrection et l'assassinat!

Ils n'ont, d'ailleurs, donné à personne le droit de les flétrir par de pareils projets; et l'on hausse les épaules de pitié en entendant ces insinuations révolutionnaires. Chez Decroix, ce qu'on a discuté et voulu, c'est la mort de l'Empereur et l'insurrection à la suite; ce qu'on a discuté, c'est le plan des barricades, la place des canons, le moyen d'arriver à l'assassinat! Voilà, ce me semble, la résolution d'agir bien établie, et n'en déplaise à la défense, si faible sur ce point, il faut y joindre les actes qui en préparent l'exécution.

Monchirond ne veut pas avoir demandé sa grâce! Quand on souffre, pourtant, il est permis de demander à ne plus souffrir. Oui, mais quand on est républicain, ces choses, à ce qu'il paraît, ne s'avouent pas. Un républicain s'avilit en demandant grâce! J'en suis fâché pour Monchirond; l'avilissement y est : j'ai là sa requête, et c'est la soumission la plus complète, la prière la plus suppliante adressée au Président de la république, et Monchirond n'est qu'un ingrat.

Decroix! C'est chez lui que la réunion du 3 juin a eu lieu. Je ne veux pas répéter ce que j'ai déjà dit de ces réunions : il y a eu de sa part résolution d'agir; sa culpabilité est évidente. Il ne savait ce qui se passait dans sa maison : qui le croira? d'ailleurs, il a tout vu et entendu. C'est un ancien condamné politique; on n'a pas choisi la maison au hasard; les conjurés se sont réunis chez un conjuré; voilà la vérité.

Lux, le condamné de 1834, avait trouvé, à Lyon, des *amis* qui voulaient reconquérir la liberté, et il leur a donné un *coup de main*. Eh bien! à Paris, il a trouvé encore des amis! C'est un homme d'action : il a voulu leur donner un coup de main. Il est partout; il est notamment à l'Hippodrome, où il dirige tout, où il donne le signal du rassemblement, où il dirige tous les mouvements des groupes. Émeutier de profession, audacieux, déterminé, il sera condamné suivant toute la rigueur des lois.

Alix, c'est l'homme mobile, inquiet et vaniteux. Il a l'intelligence; qu'il subisse les conséquences de cette intelligence. C'est lui qui a imaginé le plan de l'insurrection, qui a proposé un nouveau système de barricades. Un conspirateur plus énergique, un émeutier plus abrupte, a dit : « Non, non! les anciennes barricades ont réussi. Nous les ferons comme autrefois. » Et Alix a suivi l'ordre donné, et Alix est resté affilié au complot.

Que vous dirai-je de sa théorie sur la *résistance* et la *puissance?* Tout cela est obscur, inintelligible. Le jury verra s'il peut lui faire une part dans son indulgence, car il y a chez cet accusé plutôt la vanité que l'instinct du crime.

Et *Thirez!* Il est coupable. Je sais que la parole humaine peut créer beaucoup d'illusions! Mais enfin, il était à la réunion des Vertus. Il a parlé d'alibi! Thirez était à l'enterrement de Ghébaart! Non, car les inspecteurs ont vu Thirez et l'ont suivi; ils ont dépeint son costume. Ses propres témoins disent qu'on a été, après la cérémonie, de cabarets en cabarets. Est-il sûr que Thirez n'a pas quitté la société? Et, d'ailleurs, qui a parlé du complot? qui a tout raconté? Thirez lui-même; il n'a pas inventé cela ou ce serait un singulier hasard et un amour-propre bien mal placé.

Bratiano! Il a été défendu habilement, et que le défenseur me permette de le lui dire, trop habilement défendu. A l'entendre, nous serions parfaitement ridicules d'avoir gardé si longtemps en prison un homme qui était innocent! Non, je n'accepte pas cette position. Qu'au point de vue légal, on puisse élever des doutes, produire des discussions, soit. Quant à nous, dans notre conscience, nous le disons, nous croyons à la complicité, à la culpabilité de Bratiano.

Écartons d'abord ce qui a été dit sur le noble Valaque, sur le chef que les jeunes Roumans attendent pour affranchir leur patrie! J'admire les brillantes illusions du défenseur, mais je ne les partage pas. Arthur Bratiano, frère de l'accusé, qui est complétement libre, qui peut voler en Valachie, préfère rester à Londres et y rédiger des programmes de république socialiste à côté de Kossuth et de Ledru-Rollin. Je ne vois donc pas comment les Roumans attendent leur messie libérateur de la famille Bratiano. Soyez rassurés, Messieurs, la liberté de la Valachie ne dépend pas de l'acquittement de l'accusé. Me Jules Favre, si riche de son propre fonds, a eu tort aussi d'emprunter à la lettre de M. Michelet ces singulières expressions : « la justice a été trompée, mais la Russie a été bien servie! » Qu'est-ce à dire? est-ce qu'on aurait la triste pensée de calomnier encore?

Dans les pamphlets démagogiques, on écrit que l'Empereur est aux pieds des Cosaques. Regardez! voici l'Empereur à Constantinople, la main sur la garde de l'épée de la France. — Voici notre flotte tournant la bouche de ses canons vers le colosse moscovite. Regardez! et dites si l'Empereur se soucie d'un Bratiano, quand il s'agit de l'honneur et de l'intérêt de la France!

L'histoire présentée par la défense est des plus ingénieuses.... aux dépens de la vérité; ainsi: on a parlé de Bratiano, ce conjuré redoutable, conspirant avec une malle qu'il ouvre devant un ami, devant un concierge renforcé d'une portière, et montrant à tous l'imprimerie révolutionnaire. En vérité?— Eh bien! moi, je lis au jury la déposition du serrurier qui a ouvert cette malle. — Il déclare qu'il était seul avec Bratiano. — Donc, plus de cet ami obligeant qui est venu déposer à l'audience, plus de concierge, plus de portière. Le serrurier déclare encore qu'il n'a pas, après la serrure déclanchée, ouvert la malle. — Donc plus de témoin du contenu. — Et l'histoire de la défense n'est plus qu'une fable habile.— Au reste, allons aux choses sérieuses. Pourquoi Bratiano est-il le dépositaire de cette malle, apportée chez lui le 12 juin, quand la justice faisait d'actives recherches? Qui la lui a remise, si ce n'est un conspirateur? A qui fera-t-il croire qu'il ignorait son contenu. L'imprimerie renfermée dans cette caisse est celle de l'insurrection, celle qui a imprimé les bulletins des 20 mai et 5 juin. Un autre bulletin anarchique, adressé à l'armée, y était encore en composition. Le papier, l'encre, les instruments, tout était là. Qui donc composait ce dernier bulletin, si ce n'est pas Bratiano? Qu'il le dise, ou, s'il refuse, qu'il porte la peine des faits qui l'accusent.

Pour moi, je conserve ma conviction, et je n'ai voulu qu'une chose, justifier la poursuite et montrer que ce n'est pas sans de graves raisons que cet accusé a été retenu dans les liens de l'instruction.

Gérard! vous savez ce qu'il a fait. Il est chez Decroix, il est aux Vertus, il a donné 40 francs à Ruault. Il était à l'Opéra-Comique. Sa défense a été tentée; mais elle était impossible.

De Méren, ce percepteur révoqué en Belgique, condamné pour mutilation de statues religieuses; — ce révolutionnaire ardent, envoyé de Londres en France pour préparer l'assassinat de l'Empereur! Sa participation au crime est flagrante, et il a mérité toutes les sévérités de la loi.

Deney! il a été arrêté armé; on a trouvé chez lui les écrits que vous savez. Il dit qu'il a été entraîné, égaré par un tiers. Je ne suis pas d'une sévérité outrée, mais je ne peux admettre une indulgence excessive quand il s'agit d'un crime si grave : Deney avait assez de raison pour comprendre l'énormité de l'attentat, et il doit subir les rigueurs de la justice.

Matz! ancien militaire, déserteur : c'est lui qui a perdu Maillet. Matz était à l'Hippodrome, et sa culpabilité est certaine. C'est lui qui a conduit les ouvriers chez les étudiants.

Maillet! est allé chez Alavoine; il a amené *des bras* au soutien de *de l'intelligence,* c'est-à-dire qu'il a aussi conduit des ouvriers chez des étudiants. Il a pris part à la fabrication des canons; il a reçu 150 francs pour pourvoir aux frais. Il est allé à l'Hippodrome; Maillet est coupable.

Mariet! que dire de cette imagination dévoyée, pervertie; de cet homme qui a débuté par des révélations, qui les a rétractées ensuite, en ce qui touche les étudiants; qui, trompé par sa vanité, égaré par les insuffisances de sa raison, est un conspirateur très-actif, très-dangereux? Il a menti dans ses rétractations. Pour lui, je comprends la culpabilité entière, parce que c'est lui qui l'a voulue.

Mazille! c'est celui qui s'est rejeté sur les quittances de son propriétaire. Il était à l'Opéra-Comique. Il a été suivi, reconnu par les agents, qui ont dépeint son costume avec une exactitude désespérante; il a invoqué un alibi qui a tourné contre lui. Vous le déclarerez coupable.

Turenne! c'est le neveu de Gérard : voilà son excuse. Il était à l'Opéra-Comique. Il demande de la pitié! La pitié peut se placer à côté de la loi; elle devient de l'indulgence. Mais il faut qu'il soit puni, il le sera.

Gabrat! il avoue tout; rien à dire.

Jaud était chez Decroix, aux Vertus; il est à l'Hippodrome, à l'Opéra-Comique; il avoue tout : c'est la meilleure défense.

Commès! il avait tout avoué. Son défenseur a cru devoir établir ici un système contre lequel je proteste au nom même de la dignité du barreau. On a prétendu que Commès aurait pu tuer l'Empereur, qu'il ne l'a pas fait parce que, dans les idées d'un républicanisme violent, un homme peut tuer dans une pensée d'insurrection et ne pas tuer dans une pensée d'assassinat! Cette théorie, messieurs les jurés, vous montre quelle est l'étrange morale des démagogues. Je la flétris comme odieuse et insensée. Isolez Commès messieurs, isolez-le de cette défense; ne l'en rendez pas responsable. Il fallait faire appel à votre indulgence, à votre pitié; vous l'auriez entendu. Commès, au surplus, en ne tirant pas sur l'Empereur, n'a point reculé devant sa conscience : le signal promis n'a pas été donné.

Joiron! On a demandé pour lui le bénéfice de l'article 108 du Code pénal. Voyons ce qui s'est passé : il a été arrêté le 5 juillet devant l'Opéra-Comique. Conduit dans une pièce du théâtre, à la lueur des bougies, armé de pistolets chargés et amorcés et d'un couteau catalan, il fait ce qu'aurait fait tout autre à sa place : écrasé sous l'évidence, il fait des aveux. Des révélations? non. Il a indiqué des noms, des noms de guerre, Auguste, Charles, et d'autres encore. Il est sorti avec les agents et les a aidés dans les arrestations qu'ils ont faites. Mais alors les renseignements arrivaient déjà. Il y a concouru, il y a apporté son contingent. Qu'il profite de ce bénéfice, non pour un acquittement, mais pour recevoir une marque de votre indulgence.

C'est lui qui a déclaré que Follot était venu là, sachant tout; qu'il était venu pour donner ses soins aux conjurés qui auraient pu être blessés par ceux qu'on appelait « les satellites de l'Empereur. »

Martin! Pour celui-là, je ne peux insister longtemps. C'est lui qui plaçait le buste de Robespierre à côté de l'évangile, qui voulait se faire démocrate, puis trappiste ou dominicain. Esprit ardent, faible, illuminé, il est venu se dénoncer lui-même. Il a obéi à une inspiration de sa conscience : « J'étais dans le complot, » a t il dit. C'est vrai. Vous le jugerez selon ce que dictera votre humanité.

Viennent les étudiants. Dans leur intérêt, l'accusation a été attaquée, je ne dis pas avec violence, la défense en est incapable, mais avec une rigueur, une insistance qui tendaient à nous représenter comme ayant traduit ici légèrement, sans preuves, ces trois jeunes étudiants.

Messieurs, ce n'est pas sans douleur que je viens maintenir cette accusation. Croyez-vous que je ne sente pas l'amertume du devoir en présence de ces jeunes hommes dont la carrière sera brisée et dont le nom sera perdu? Je sais bien toutes les angoisses que je soulève? Mais les nécessités de la justice sont inflexibles. Il a bien fallu que j'accable de malheureux ouvriers sous le poids d'une accusation terrible. Il a bien fallu que je relève contre eux toutes les fautes de leur vie passée et toute l'énormité du crime actuel. Ou serait donc le privilége de ces jeunes gens? Ah! je sais encore qu'ils ont autour d'eux les larmes et les supplications de leurs familles; mais quoi! comment justifier l'impunité? Est-ce parce que ces étudiants avaient, plus que d'autres, toutes les raisons de respecter la paix publique? Est-ce parce qu'ils devaient, plus que d'autres, ne pas jouer en insensés et le repos de leurs familles et leur propre avenir? Est-ce parce que les études et la science leur ont donné des lumières qui manquent au peuple? Non; la justice est égale pour tous : elle n'a pas deux balances pour peser les conspirateurs. Étudiants et ouvriers, vous êtes dans la même accusation; vous avez commis le même crime; il n'y a de distinction qu'entre les innocents et les coupables. Courbez-vous tous devant le niveau de la loi!

Les étudiants, je l'avoue, ne devaient pas frapper l'Empereur; mais, le crime commis, ils devaient proclamer l'insurrection et la dictature de Blanqui. Il fallait aux provocateurs l'intervention des écoles. Toujours, dans toutes les émeutes, elles ont apparu. Il faut, en effet, qu'on puisse dire au peuple abusé : — « Allez en avant, tuez le tyran, élevez des barricades, et commencez les ruines. Les étudiants sont avec vous; ils sont la génération nouvelle; ils ont un noble cœur; ils applaudissent à l'héroïsme populaire. » — Voilà comment les conspirateurs d'en haut cherchent à couvrir la honte et l'odieux de leurs desseins aux dépens d'une ardente et généreuse jeunesse. Voilà comment les hommes qui polluent toutes choses, dans l'intérêt de leurs abominables passions, vont jusque sur les bancs de l'école souiller nos enfants et désoler nos familles!

Maintenant, venons aux preuves.

Laugardière, *Ranc* et *Laflize* ont assisté aux réunions avec les ouvriers. Ils étaient au café du Grand-Balcon, sur le boulevard, attendant la nouvelle de l'assassinat de l'Empereur.

Quant à Laugardière, sa culpabilité est évidente : son cœur et sa tête s'égaraient depuis longtemps dans des projets de conspiration. Intime ami d'Alavoine, il l'avoue, il partageait ses criminelles doctrines. Alavoine! le réfugié de Jersey! l'auteur de la *Proclamation aux écoles!*

Voici, messieurs, cette proclamation :

AUX ÉCOLES.

« Citoyens,

« En visitant les différents refuges offerts à la proscription bonapartiste, nous avons été abordés partout par les martyrs du droit et de l'idée avec cette même question : « Que deviennent « les écoles ?... » et je voyais les yeux de ces hommes briller au souvenir de leur jeunesse à eux si belle, si dévouée, si patriotiquement remplie ; ils nous croyaient tels qu'ils avaient été, et nous étions forcés de leur enlever cette illusion, cet espoir dans la génération qui doit venir après eux, et de leur dire :

« Les écoles sont mortes de la gangrène que leur a léguée
« Louis-Philippe : l'étude pour les uns, mais l'étude froide,
« égoïste ; pour les autres, les plaisirs fiévreux du Prado et de la
« Chaumière : voilà les étudiants ! Qu'on ne vienne pas aujour-
« d'hui leur parler de liberté : ils répondent qu'ils ont la liberté
« de se griser avec des filles, qu'ils n'en connaissent ni n'en
« veulent d'autre. Qu'on ne leur parle pas non plus de leurs
« frères qui souffrent rongés par la misère ou l'exil : ils ré-
« pondent qu'ils font leurs affaires, et s'occuperont de politique
« plus tard. Rien ; plus une idée grande et généreuse ! »

« Voilà ce que j'étais *forcé* de dire, moi, étudiant, à ces hommes qui espéraient encore que la jeunesse sauverait la patrie. Disais-je vrai ? je le crois ; mais vous pouvez me démentir : *quelques-uns d'entre nous vous ont montré l'exemple, suivez-le !* Pensez aux hontes de la France ! pensez à l'avenir brillant que vous pourriez lui faire ! Notre époque est une époque de lutte ; lancez-vous dans la mêlée avec le savoir, l'énergie et l'abnégation de notre âge ; que les Écoles ne forment plus qu'un bataillon sacré armé pour la conquête de la République sociale et universelle, et alors vous aurez relevé notre drapeau, que nous laissons traîner dans la fange depuis cinq ans ; alors, avant-garde du progrès, vous aurez bien mérité de la *Liberté !*

« *Vive la République !*

E. ALAVOINE,

« *Étudiant en médecine.*

« Londres, 24 juillet 1853. »

Voilà les relations de Laugardière. Qu'on ne m'accuse pas, je suis obligé de les faire connaître, car elles expliquent sa participation au complot. Ce n'est pas du premier bond qu'on arrive à un crime si odieux. Ai-je besoin, au surplus, de faire remarquer ce qu'il y a d'accusateur dans cette proclamation. Où sont donc *les quelques étudiants qui ont montré l'exemple.*

Voyez sur ces bancs Laugardière, Laflize et Ranc, puis, rappelez-vous la déclaration de Joiron ; celle de Folliet, qui avait les secrets du complot ; celle de Jaud, qui a vu Laugardière au Luxembourg. Et l'on demande pourquoi ces jeunes gens ont été mis en prévention? pourquoi ils sont ici accusés? Pourquoi donc ces ouvriers, accusés aussi, diraient-ils, l'un, que Laugardière était aux Vertus; l'autre, qu'il était au Luxembourg, à l'Hippodrome, à l'Opéra-Comique? Pourquoi ces ouvriers diraient-ils que l'un de ces étudiants s'écriait, après l'affaire de l'Opéra-Comique :

« C'est à se rompre la tête; nous avons encore échoué ? » Évidemment, tous ces accusés n'ont pas pu inventer ce qu'ils révèlent sur Laugardière. Ils l'ont vu, ils l'ont entendu ; voilà pourquoi ils le reconnaissent et l'accusent. Ce sont des conjurés qui racontent leurs actes et qui se désignent entre eux. Où auraient-ils imaginé la participation des étudiants?

Il fallait que Laugardière, s'il voulait taire certains noms, s'il voulait garder certains secrets qu'on lui a confiés, il fallait au moins qu'il avouât loyalement ses actes personnels. Dieu m'est témoin que j'ai voulu le sauver en lui ouvrant cette voie! Ici, devant vous, il a mieux aimé affecter les allures du conspirateur qui pose, et rétracter même ses premiers aveux écrits. — Je vais les lire, messieurs les jurés, et votre conscience sera bientôt éclairée.

M. le procureur général donne lecture d'un interrogatoire de Laugardière, dans lequel il avoue avoir assisté à des réunions où se complotait l'assassinat de l'Empereur.

Laugardière : Est-ce signé de moi?

M. le président : Taisez-vous, Laugardière.

Laugardière : C'est faux.

M. le président : Si vous ajoutez un mot, je vous fais sortir.

Laugardière : Ça m'est égal ; c'est faux.

M. le procureur général : Quoi! c'est faux?

Laugardière : Oui.

M. le procureur général continuant.—Que dites vous-là, malheureux! « C'est faux ! » C'est-à-dire qu'il y a un magistrat, un père de famille, qui a eu l'infamie d'inventer tout cela pour flétrir un pauvre jeune homme. Oh! tenez, Laugardière, vous venez de prononcer votre condamnation; vous venez de rompre avec les honnêtes gens. Vous n'êtes plus, aux yeux du jury, qu'un cœur sec, un esprit perverti, et je n'ajoute pas un mot de plus contre Laugardière et ses complices.

Je crois, Messieurs, la discussion terminée, que je n'ai rien exagéré dans les preuves et les faits. J'ai voulu être vrai. Ce procès, du reste, et vous me permettrez ces considérations finales, présente un douloureux spectacle et doit être fécond en enseignements utiles à la société actuelle. Elle est égoïste, frondeuse, oublieuse du passé, se livrant étourdiment aux impressions qu'elle aime, et peu disposée à réfléchir aux périls qui la menacent. Malgré tout, qu'elle apprenne, en dépit de son insouciance, qu'elle a et qu'elle aura toujours dans ses flancs un ennemi mortel, le principe révolutionnaire. Nos pères ont voulu, et grâces leur en soient rendues, affranchir l'intelligence et se draper dans le légitime orgueil de la liberté conquise; ils ont édifié un monde nouveau, fier de sa raison, impatient du joug, avide de progrès. Mais Dieu n'a pas permis que les choses humaines fussent parfaites, et à côté de l'intelligence et de la liberté il y a les égarements des mauvaises passions, qui s'arment à leur tour et de cette intelligence et de cette liberté, pour en faire un épouvantable abus.

L'esprit de subversion sera toujours celui de ces hommes qui, trop ardents au bien-être personnel, ne se trouvent jamais une assez large part au soleil. Pour eux le temps est trop long, l'heure du succès n'est pas assez rapide, et ils détestent la société qui, disent-ils, ne sait pas les comprendre. A côté d'eux, tous les aventuriers cherchant dans le désordre ce qu'ils devraient demander au travail; les sophistes, qui vont aussi profondément dans le mal que leur vanité est grande, et les dupes, qu'on exalte et qu'on égare. Tout ceci forme contre la société une formidable coalition qui, à certaines époques, éclate, triomphe et sème autour d'elle le malheur et la désolation. C'est alors que les trônes s'écroulent, que les dynasties sont chassées à coups de fourches, et qu'un pays tout entier subit la honte et les terreurs des révolutions. Sachons donc profiter de l'expérience si chèrement acquise, et, puisque nous sommes si imprévoyants et si faibles à l'heure des périls, soyons au moins assez sages pour garder puissante et honorée l'autorité qui nous protége. Nous n'avons qu'un moyen sûr de salut, c'est l'unité et l'énergie du pouvoir central. Au lieu de l'affaiblir par nos folles taquineries, par nos tristes ressentiments, serrons-nous autour de lui pour braver toutes les attaques des partis révolutionnaires. La question n'est pas de savoir aujourd'hui si l'on aura la satisfaction de ses idées, de ses affections, de ses engagements politiques. Nul n'a le loisir de rêver des restaurations, car tous ont à craindre l'ennemi commun, le socialisme et la démagogie. La vraie, l'unique question sociale qui s'agite sur nos têtes est celle de savoir si la civilisation actuelle vivra ou sera détruite : *être ou ne pas être!* Si nous voulons la durée, gardons la force, et elle est dans le respect profond, sincère, immense, du principe de l'autorité. Français, choisissez : ralliez-vous énergiquement au pouvoir modérateur, ou bien restez sans défense contre le mal et allez vous engloutir dans le torrent des révolutions.

Et pour les classes ouvrières, est-ce que ce procès ne leur donne pas aussi de grands enseignements? Le peuple est un instrument puissant; mais sait-il toujours à quelles mains il se livre? Sait-il où on le pousse? Non. C'est cette ignorance dont les révolutionnaires ont si cruellement abusé. Si le peuple savait le solde définitif des agitations publiques, s'il voyait clairement les regrets et les misères qu'il exprime, s'il pouvait mesurer les amères déceptions qu'on lui prépare.... Ah!... comme il chasserait les provocateurs qui le trompent et le perdent! comme il rejetterait dans la poussière les intrigants qui le poussent jusqu'à l'assassinat! On le flatte, on lui prodigue les adulations les plus hypocrites, on lui dit qu'il est le maître. Salut! peuple souverain!... peuple, tu es roi! Oui, roi sur des ruines, roi en haillons et en larmes; car, dans les révolutions, quand il aura dévoré toute la substance du pays, non reproduite par le crédit et le travail, il tombera épuisé dans la stérilité et le chaos. Peuple souverain, sous la main de fer de tes tribuns! tu n'es qu'un instrument, et tu serais esclave. Qu'il regarde donc ce qui se passe dans cette enceinte! Voici de malheureux enfants du peuple, pervertis par les démagogues, et déshonorés dans des pensées d'assassinat et d'insurrection. Ils sont là, étreints par l'autorité qui veille, haletants sous l'œil de la justice. Ils cherchent ceux qui les ont dépravés, avant de les armer pour le crime. Personne ne vient; tous les regards se détournent, et une seule voix se fait entendre pour prononcer, comme la plus cruelle et la plus impitoyable raillerie, ces paroles qui résument toute l'histoire du peuple abusé dans les révolutions : « Qui êtes-vous, hommes sans nom, sans idées, tourbe obscure, informe cohue?.. » et les malheureux, loin de leurs rêves et de leurs excitations, se débattent aux pieds du jury..... Ouvriers, gardez éternellement ce souvenir!

J'ai terminé, messieurs, la réplique que je devais à la défense. A vous maintenant d'agir en hommes probes et libres, en loyaux défenseurs de la loi et du pays. Il est temps qu'on sache que la politique n'excuse pas les crimes; il est temps qu'on sache aussi que la société ne veut plus souffrir la plaie saignante des complots; il est temps, enfin, d'apprendre à tous que la résolution du régicide est MONSTRUEUSE ET ABOMINABLE. Faites votre devoir, messieurs les jurés. Quant à la clémence, elle est le privilége de l'Empereur, qui ne se lasse point de faire des ingrats.

Les questions soumises au jury étaient au nombre de 82.

Trois questions sont posées sur chaque accusé, savoir : deux questions principales sur le complot contre la vie de l'Empereur et contre la forme du Gouvernement, et une question relative à la circonstance aggravante que la résolution d'agir aurait été suivie d'actes commencés ou commis pour en préparer l'exécution.

A trois heures, le jury est rentré dans la salle.

Sont déclarés non coupables :

Thirez, Bratiano, Baudy, Ranc, Laflize et Martin.

M. le président ordonne leur mise en liberté, s'ils ne sont retenus pour autre cause (1).

---

(1) On sait que chacun de ces accusés reste sous le coup d'une détention par suite du renvoi en police correctionnelle prononcé à leur égard par la chambre d'accusation; savoir : Bratiano, Thirez, Baudy, Ranc, Laflize et Martin, pour société secrète.

Bratiano, en outre, pour détention d'imprimerie clandestine, et Martin, pour soustraction frauduleuse.

Sont déclarés coupables :

Folliet, sur toutes les questions, avec circonstances atténuantes.

Ruault, sur toutes les questions.

Monchirond, sur toutes les questions, circonstances atténuantes.

Decroix, sur les deux questions principales, circonstance aggravante écartée.

Lux, sur toutes les questions.

Alix, sur toutes les questions, avec circonstances atténuantes.

Deney, même décision.

Mailliet, même décision.

Turenne, même décision.

Jaud, même décision.

Commès, même décision.

Joiron, même décision : la question d'excuse résultant de ce qu'il aurait procuré l'arrestation de plusieurs coupables est résolue négativement.

Gérard, sur toutes les questions.

Copinot, sur toutes les questions.

De Méren, sur toutes les questions.

Mariet, sur toutes les questions.

Gabrat, sur toutes les questions.

Matz, sur les deux questions principales, circonstance aggravante écartée.

Mazille, même décision.

Follot, même décision, avec circonstances atténuantes.

Ribaud de Laugardière, même décision, avec circonstances atténuantes.

Il est donné lecture de cette décision aux accusés. Tous gardent, en l'entendant, le plus profond silence.

M. le président demande aux défenseurs et aux accusés s'ils ont des observations à faire sur l'application de la peine.

Après les observations des défenseurs, qui réclament l'indulgence dans l'application de la peine, la Cour se retire pour délibérer.

Pendant le délibéré, les accusés gardent le plus profond silence. Quelques-uns d'entre eux paraissent profondément abattus.

Après une demi-heure de délibération, la Cour rentre en séance.

L'arrêt condamne :

Ruault, Lux, Gérard, Copinot, de Méren, Mariet et Gabrat, à la peine de la *déportation;*

Monchirond, à dix ans de *détention;*

Matz, Mazille et Turenne, à sept ans de *détention;*

Deney, Mailliet, Jaud, Commès et Joiron, à cinq ans de *détention;*

Folliet, Decroix et Alix, à huit ans de *bannissement;*

Laugardière, à cinq ans d'*emprisonnement;*

Follot, à trois ans d'*emprisonnement.*

M. *le président* : Condamnés, vous avez trois jours pour vous pourvoir en cassation contre l'arrêt que vous venez d'entendre.

Les condamnés se retirent sans prononcer une seule parole.

L'audience est levée à quatre heures et demie.

IMPRIMERIE IMPÉRIALE. — Novembre 1853.

www.ingramcontent.com/pod-product-compliance
Lightning Source LLC
Chambersburg PA
CBHW060728050426
42451CB00010B/1680